Mi pelaje es grueso y moteado

por Jessica Rudolph

Consultores:
Christopher Kuhar, PhD
Director Ejecutivo
Zoológicos de la ciudad de Cleveland, Ohio

Kimberly Brenneman, PhD
Instituto Nacional para la Investigación de la Educación Temprana
Universidad de Rutgers
New Brunswick, Nueva Jersey

BEARPORT PUBLISHING

New York, New York

Créditos

Cubierta, © Ian Rentoul/Shutterstock; 4–5, © iStockphoto/Thinkstock; 6–7, © Stefan Bader; 8–9, © Tom Soucek/Alaska Stock/Corbis; 10–11, © Animal Imagery/Alamy; 12–13, © Ian Rentoul/Shutterstock; 14–15, © olga_gl/Shutterstock; 16–17, © Animal Imagery/Alamy; 18–19, © age fotostock/Alamy; 20–21, © age fotostock/Alamy; 22, © Associated Press; 23, © iStockphoto/Thinkstock; 24, © Dennis Donohue/Shutterstock.

Editor: Kenn Goin
Director creativo: Spencer Brinker
Diseñadora: Debrah Kaiser
Editora de fotografía: Michael Win
Editora de español: Queta Fernandez

Datos de catalogación de la Biblioteca del Congreso

Rudolph, Jessica, author.
  [My fur is thick and spotted. Spanish]
  Mi pelaje es grueso y moteado / by Jessica Rudolph; consultores: Christopher Kuhar, PhD, Director Ejecutivo; Zoológico de los Metroparques de Cleveland, Ohio; Kimberly Brenneman, PhD, Instituto Nacional para la Investigación de la Educación Temprana, Universidad de Rutgers, New Brunswick, Nueva Jersey.
     pages cm. — (Pistas de animales)
  Includes bibliographical references and index.
  ISBN 978-1-62724-581-4 (library binding) — ISBN 1-62724-581-2 (library binding)
  1. Snow leopard—Juvenile literature. I. Title.
  QL737.C23R8318 2015
  599.75'55—dc23
                                    2014031740

Para más información, escriba a Bearport Publishing Company, Inc., 45 West 21st Street, Suite 3B, New York, New York 10010. Impreso en los Estados Unidos de América.

10 9 8 7 6 5 4 3 2 1

Contenido

¿Qué soy?

Mira mis
bigotes.

4

Son largos.

5

Mis patas
son grandes.

Tienen garras afiladas.

7

Mis orejas
son pequeñas
y redondas.

8

Tengo la nariz peluda.

La punta
es rosada.

Tengo una
cola larga
y gruesa.

Mis colmillos
son afilados y
puntiagudos.

15

Mi pelaje es
suave y grueso.

Tiene
manchas
negras.

¿Qué soy?

¡Vamos a averiguarlo!

¡Soy un leopardo
de las nieves!

Datos sobre el animal

Los leopardos de las nieves son mamíferos. Como casi todos los mamíferos dan a luz criaturas vivas. Las crías beben leche de la madre. Los mamíferos tienen la piel cubierta de pelos o pelaje.

Más datos sobre los leopardos de la nieve

Comida:	ovejas, cabras, liebres, pájaros y ciervos
Tamaño:	hasta 8 pies (2,4 metros) de largo, incluyendo la cola
Peso:	hasta 120 libras (54,4 kg)
Esperanza de vida:	hasta 13 años en su ambiente natural
Dato curioso:	Los leopardos de las nieves usan sus colas suaves y peludas para cubrirse cuando nieva.

Tamaño de un leopardo de las nieves adulto

¿Dónde vivo?

Los leopardos de las nieves viven en las montañas frías y nevadas de Asia Central.

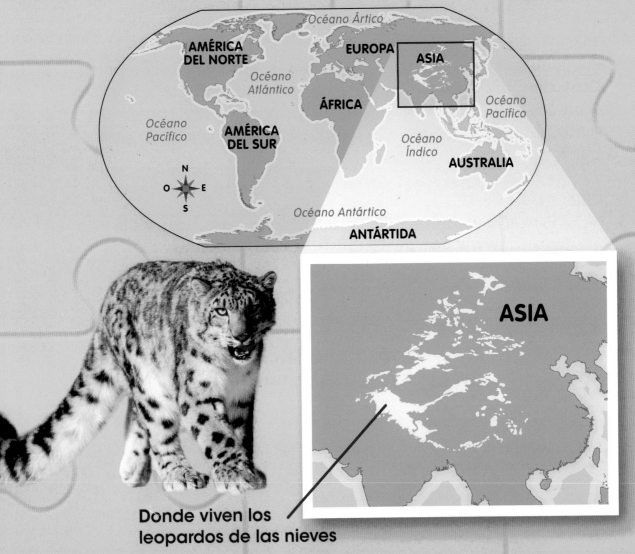

Donde viven los leopardos de las nieves

Índice

Lee más

Poppenhäger, Nicole, Ivan Gantschev, and J. Alison James. *Snow Leopards.* New York: NorthSouth Books (2006).

Shores, Erika L. *Snow Leopards (Pebble Plus: Wildcats).* Mankato, MN: Capstone (2011).

Aprende más en línea

Para aprender más sobre los leopardos de las nieves, visita
www.bearportpublishing.com/ZooClues

Acerca de la autora

Jessica Rudolph vive en Connecticut. Ha escrito y editado muchos libros para niños sobre historia, ciencia y naturaleza.